KB262755

반야심경

空性의 美學

중국 당나라 삼장법사 현장 한역
해동후학 학봉당 준수 번역 강설

머리말

제법의 공성을 노래하고 있는 《반야심경》은 염불명 상의 꽃이다. 글자가 아니라 글자 하나하나가 지혜 이다. 깨달음의 비밀은 이미 다 설해졌다. 이제 그 것을 명상하고 긍정하고 수용하면 된다. 있는 그대 로 인정하고 받아 지니고 정진하라.

뜻을 전하기 위해 말을 사용하듯이 뜻을 이해하기 위해서 글자를 배운다. 한자는 뜻을 담은 글자이기 때문에 깊은 철학이 있는 가르침은 「한자」라는 글자 가 유익하다. 우리는 뜻을 얻기 위해 한자를 익혀야 한다.

우리말 반야심경을 거듭 반복해서 낭송하며 한자 경문을 한 자 한 자 쓰면서 꼭꼭 새겨 마음자리에 씨를 뿌리듯이 그렇게 명상하라. 깨달음은 바로 지 금이지 다음이 아니다.

마음으로 쓴다.

[illegible]

[illegible]

《반야심경》은 깨달음을 완성한 관자재보살이 중생 구제의 원력인 6바라밀 실천 헌장이다. 《금강경》은 6바라밀 가운데 첫째 덕목인 '보시바라밀'을 들어서 아래 다섯을 담았고, 《반야심경》은 마지막 덕목인 '반야바라밀'을 들어서 위의 다섯을 담았다.

첫째, 보시바라밀은 함께 나누는 마음이다. 내 것을 아끼고 남의 것은 탐내는 것이 보통 사람의 마음이라면, 보살은 이해하고 양보하며 나누는 마음으로 산다.

둘째, 지계바라밀은 원칙을 세우는 마음이다. 개념도 원칙도 없이 사는 인생이 보통의 삶이라면, 보살은 원칙을 세우고 개념 있는 마음으로 살아야 한다.

셋째, 인욕바라밀은 조건 없이 받아들이는 마음이다. 손해는 조금도 보지 않으려는 것이 보통 사람의 마음이라면, 보살은 인정하고 존중하며 수용하는 마음으로 산다.

넷째, 정진바라밀은 변함없이 한결같은 마음이다.
대중없이 되는대로 그냥 그렇게들 산다면, 보살은
명확한 원력으로 미래를 산다.

다섯째, 선정바라밀은 늘 평정을 유지하는 마음이
다. 보통은 산란한 마음으로 불안정한 삶을 산다.
그러나 보살은 언제 어디서나 주체적 자각을 통해
평정심을 유지한다.

여섯째, 반야바라밀은 언제 어디서나 밝게 깨어있
는 의식으로, 몸으로 하는 행동을, 입으로 하는 말
을, 마음으로 하는 생각을 알아차리고 개선하는 지
혜이다. 범부는 아무 생각 없이 그날그날 세월을 보
내지만, 보살은 밝은 마음으로 날마다 새롭게 깨어
난다.

공성의 미학

불교는 인문학의 최고봉이다. 불교는 신을 찬양하는 것이 아니라 인간의 아름다움을 찬양한다. 《반야심경》은 제법의 공성을 깨달은 보살이 온전히 중생을 위해서 살아가는 삶의 노래이다.

「보시」는 나눔의 미학이다. 베풂이 아니라 나눔이어야 한다. 「지계」는 기다림의 미학이다. 지키는 것이 아니라 기다림이어야 한다. 「인욕」은 받아들임의 미학이다. 참음이 아니라 받아들임이어야 한다.

「정진」은 익힘의 미학이다. 노력이 아니라 익혀감이어야 한다. 「선정」은 비움의 미학이다. 비워야 새롭게 채울 수 있다. 「지혜」는 깨달음의 미학이다. 아는 것이 아니라 깨달음이어야 한다.

[illegible]
[illegible]

[illegible]

[illegible]

1) [illegible]
2) [illegible]
3) [illegible]

1) [illegible]
2) [illegible]
3) [illegible]
[illegible]

無上甚深 微妙法
무 상 심 심 미 묘 법

百千萬劫 難遭遇
백 천 만 겁 난 조 우

반야지혜 일러주신 부처님의 미묘법문

오랜세월 지나도록 만나기란 어려워라

我今聞見 得受持
아 금 문 견 득 수 지

願解如來 眞實意
원 해 여 래 진 실 의

제가이제 다행히도 듣고보고 지니오니

부처님의 가르침을 어서알게 하사이다

開法藏眞言
개 법 장 진 언

반야지혜 감로법문 바로여는 진언이라

『옴 아라 남 아라다』 (3번)

불법난봉[佛부처님 불/ 法가르침 법/ 難어려울 난/ 逢만날 봉]이라는 말이 있듯이 부처님 가르침은 깊은 인연이 없으면 참으로 만나기[遭만날 조/ 遇만날 우] 어렵다[難어려울 난]

듣기[聞들을 문] 어렵고, 보기[見볼 견] 어려우며, 얻기[得얻을 득] 어렵고, 받아 지니기[受받을 수/ 持지닐지] 어려우며, 세간의 지식으로는 이해[解알해]하기가 어렵다. 금생의 인연을 소중히 여겨 《반야심경 명상》으로 지혜와 복덕을 이루어 보다 행복한 삶이 되기를 바라는 바이다.

摩訶般若
마 하 반 야

광대하고 원만하며 걸림 없는 반야지혜 염송으로,

『摩訶』에는 세 가지 의미가 있으니 大[큰 대]와 多[많을 다]와 勝[뛰어날 승]이다. 여기서는 廣大[넓을 광/ 큰 대]와 圓滿[또렷할 원/ 가득할 만]과 無礙[없을 무/ 걸릴 애]로 풀었다. 『般若』는 중생을 위한 보살의 삶의 실천 덕목인 6바라밀 가운데, 여섯 번째에 있는 덕목이다.

《반야심경》은 보살의 온전한 삶을 완성하는 6바라밀 실천 헌장임을 명심해야 한다. 또 『마하』는 불교의 세계관을, 『반야』는 인생관을, 『바라밀다』는 불교의 가치관을, 『심경』은 불교의 종교관을 말한다.

波羅密多
바 라 밀 다

행복하게 지혜롭게 올바르게 깨인 삶을
열어가는,

『波羅密多』는 '도피안到彼岸'이라 하여 무지에서 깨
침으로, 어둠에서 밝음으로 나가는 향상일로向上一
路의 의지를 담고 있다.

心經
심 경

세상에서 가장 존귀하신 부처님의 가르침
이니라.

『心』은 핵심적인 의미이고, 『經』은 부처님의 말씀이
니. 이를 풀어 "세상에서 가장 존귀하신 부처님의
가르침이니라." 하였다.
《반야심경》을 크게 3과목으로 나눈다. 첫째는 경명
[14쪽]이고, 둘째는 본문[16쪽]이고, 셋째는 주문
[40쪽]이다.

가. 서 론

觀自在菩薩
관 자 재 보 살

무지한 중생을 살피시는 자비와 지혜의
관이 자재하신 보살께서,

『觀自在菩薩』을 관이 자재하신 보살로 보았다. 「관
觀」은 불교수행의 매우 중요한 방법이다. 《반야심
경》은 이미 수행을 완성한 보살이 무지한 중생을 제
도하기 위해서 설한 경전이다. 따라서 "중생을 살피
시는 자비와 지혜의 관이 자재하신 보살이라" 한 것
이다.

行深般若波羅密多時
행 심 반 야 바 라 밀 다 시

무지에서 깨침으로 나아가는 반야의 삶을
실행할 때,

照見五蘊皆空
조 견 오 온 개 공

몸과 물질을 이루고 있는「색色」과 마음의 네 가지 기능인「수受 상想 행行 식識」다섯 가지 결합이 모두 실체가 없는 공한 본성임을 비추어 보고

「색色」은 주관적 감각기관인 몸과 객관적 감각대상인 모든 물질을 말한다.「수受」전오식의 감수작용 또는 감각작용이다.「상想」제육식의 지각작용 또는 생각작용이다.

「행行」제칠식의 의지작용 또는 식별작용이다.「식識」제팔식의 인식작용 또는 인지작용이다. 5온의 이러한 해석은 많은 선지식의 저서에서 밝히고 있다.

둘째, 본문을 다시 셋으로 나누니, 가, 서론[16쪽] 나, 본론[19쪽] 다, 결론[38쪽]이다.

「다섯 가지 결합」은 다섯 가지 요소 또는 다섯 가지 쌓임으로 번역한다. 「결합」이라는 말은 이 다섯 가지가 독립적으로 존재할 수 있는 것이 아니라 고리처럼 엮여서 일어나는 현상이라는 의미에서 결합이라 했다.

度一切苦厄
도 일 체 고 액

온갖 괴로움의 문제를 해결하느니라.

《반야심경》은 우리에게 주어진 온갖 문제를 해결하기 위한 해답이며, 반야로운 삶으로 모든 문제에서 자유롭게 하는 가르침이다.

「누가」 관자재보살이 「언제」 반야바라밀다를 행할 때 「무엇을」 오온이 모두 공한 것을 「어떻게」 비추어 본다. 「왜」 온갖 괴로움의 문제를 해결하기 위해서 「어디서」 장소는 특정한 곳이 정해져 있는 것이 아니라, 언제나 늘 지금 내가 있는 곳이 바로 그 장소이다.

나. 본론

1. 공한 이유

舍利子 色不異空 空不異色
사 리 자 색 불 이 공 공 불 이 색

사리자여! 현상계인 물질[色]이 본질계인 공성[空]과 다르지 않고, 본질계인 공성이 현상계인 물질과 다르지 않기 때문에,

色卽是空 空卽是色
색 즉 시 공 공 즉 시 색

물질이 그대로 공성이며, 공성이 그대로 물질계이니.

『色』5온의 색온을 말한다. 중생이 사는 현상세계인 주관적 감각기관인 육체는 물론, 객관적 감각대상인 모든 물질의 세계를 싸잡아 색이라 한다.
앞의 서론을 받아서 이제부터는 본론이다. 본론을 다시 넷으로 나누어 설명하였다.

『空』몸과 물질을 이루고 있는 현상세계를 존재할 수 있도록 하는 본질적인 세계, 즉 공성을 말한다. 이것을 모든 법의 공한 본성이라 한다. 이 대목은 《반야심경》의 '사구게'라 할 수 있는 중요한 경문이다.

『색불이공』은 범부중생을 위한 법문이니, 범부는 현상계인 색의 세계에 집착하는 고질적 문제를 안고 살기 때문에 색이 본질계인 공과 다르지 않다고 말해 주어 집착에서 벗어나게 한 것이다.

『공불이색』은 색이 공이라고 하니 아직 깨달음이 부족한 우법소승은 공이 구경의 진리라 집착하기 때문에 공이 색과 다르지 않다고 해서 공에 대한 무지를 놓게 한 것이다.

『색즉시공 공즉시색』은 중도 제일의제의 법문으로써 대승 보살의 완전한 깨달음의 중도 지혜를 말한다.

受想行識 亦復如是
수 상 행 식 역 부 여 시

전오식의 감수작용[受]과 제육식의 지각 작용[想]과 제칠식의 의지작용[行]과 제팔 식의 인식작용[識]도 모두 이와 같느니라.

『受, 想, 行, 識』 5온 가운데 색온의 경우만 그런 것 이 아니라, 수온, 상온, 행온, 식온의 경우도 색온과 같이 공성과 다르지 않으며, 그대로 공성이라는 말 이다.

6근 가운데 앞의 5근의 전5식인 受[받아들 수]가 6 경 가운데 앞의 5경을 받아들이면, 제6식인 想[생각 할 상]이 생각을 하게 되고, 그 과정을 제7식인 行 [진행할 행]이 진행을 하게 되고, 결국에 제8식인 識[저장할 식]이 형성된다. 우리의 의식과 그 의식 작용이 이러한 과정으로 이루어진다.

舍利子 是諸法空相
사 리 자 시 제 법 공 상
사리자여! 모든 법의 공한 본성이란

「諸法」 또는 일체법은 5온, 12처, 18계, 12연기, 4성
제 등을 모든 법이라 한다. 「空相」은 공한 모양이라
하지만, 모든 법의 공한 본성으로 보아야 한다.

중국불교를 분류하는데, 세 가지 종파로 보는 견해
가 있다. 「상종相宗」 법상종이라 하며 주로 '유식학
파'를 말하는데 현장법사는 법상종의 종조이다. 「공
종空宗」 삼론종이라 하며 주로 중론 백론 등 '공관학
파'를 말한다.

「성종性宗」 화엄종 등이며 대승기신론 등을 말한다.
이러한 분류로 볼 때, 이 반야심경이 번역될 시기에
는 性宗이라는 표현이 널리 보급되지 않았을 확률
이 매우 높다.

不生不滅 不垢不淨 不增不減
불생불멸불구부정부증불감

새롭게 생기는 것도 아니고 없어지는 것도 아니며, 더러워지거나 깨끗해지는 일이 없으며, 늘어나거나 줄어드는 것도 아니니라.

『不生不滅』 모든 법의 본질계인 공성은 시간적으로 나거나 소멸하는 일이 없다는 법문이고,
『不垢不淨』 질적으로 더럽거나 깨끗하지도 않는다는 법문이며,
『不增不減』 양적으로 늘어나거나 줄어드는 것도 아니라는 법문이다.

여기에 「不去不來불거불래」 즉 '공간적으로 가거나 오는 것도 아니다'를 더해서 「8불중도」라고 하는데, '不'자가 여덟 개가 있어서 [八여덟 팔/ 不아니 불/ 中가운데 중/ 道도 도]라 한다.

是故空中
시 고 공 중

그러므로 공성의 차원에서 비추어 보면,

「照見」이라는 경문은 없지만, 공성의 입장에서 모든 법을 본다는 의미를 담았다. 앞의 서론에서 「조견오온개공」[17쪽]이라고 짧게 언급해 놓고, 본론에서 구체적이고 사실적으로 제법이 모두 공한 이치를 제시하고 있다.

세간법인 5온, 12처, 18계와 출세간법인 12연기법, 4성제법, 나아가 6바라밀 등의 가르침이 공성의 진리에서 비추어 보면 모두가 공성 그 자체라는 것이다. 다시 경문을 다섯으로 나누어 설명하였다.

1) 5온이 없다

無色 無受想行識
무 색 무 수 상 행 식

몸과 객관대상을 이루는 물질계인 색色이 없으며, 마음과 인식기능을 이루는 전오식의 감각작용인 수受와 제육식의 생각작용인 상想과 제칠식의 식별작용인 행行과 제팔식의 인지작용인 식識도 없느니라.

앞의 『諸法空相』의 「제법」 또는 일체법이란, 세간을 이루고 있는 세간법과 그 세간에서 벗어나는 출세간법이 있다. 먼저 「세간법」의 5온이 모두 없음을 비추어 본다.

앞의 '공한 이유'에서 처럼 「색, 수, 상, 행, 식」 5온을 색과 수상행식으로 구분한 것은 바로 물질계인 '색'과 정신계인 '수상행식'을 분명히 하기 위해서다.

2) 12처도 없다

無眼耳鼻舌身意
무 안 이 비 설 신 의

주관적 감각기관인 눈과 귀, 코와 혀, 몸
과 의식도 없으며,

無色聲香味觸法
무 색 성 향 미 촉 법

객관적 감각대상인 빛깔과 모양, 소리와
냄새, 맛과 감촉, 의식의 대상인 법도 없
느니라.

「안, 이, 비, 설, 신, 의」는 주관적 감각기관인 6근이
고, 「색, 성, 향, 미, 촉, 법」은 객관적 감각대상인 6
경이다. 6근과 6경을 합해서 12처라 하는데, 「처處」
라는 말은 뒤의 18계의 「계界」와 구분되는 말이다.
「계界」에는 6식이 포함되어 무기의 상태인 '處'에서
드디어 유기적인 세계인 '界'가 형성되는 것이다.

3) 18계도 없다

無眼界 乃至 無意識界
무 안 계 내 지 무 의 식 계

안근眼根의 활동영역인 눈의 세계와 [이근耳根의 활동영역인 귀의 세계와 신근身根의 활동영역인 몸의 세계와] 나아가 의근意根의 활동영역인 의식의 세계까지도 없느니라.

「5온, 12처, 18계」는 세간법의 물질계와 정신계의 모든 법을 말한 것이지만, 다음과 같이 중생의 근기에 따라 달리 설해진다.

「5온」은 상근기를 위해서 물질계를 줄이고 정신계를 열어서 물질보다 정신계를 이해시키기 위해서 설한 가르침이다.

「12처」는 중근기를 위해서 정신계는 줄이고 물질계를 열어서 정신계보다 물질계를 이해시키기 위해서 설한 가르침이다.

「18계」는 하근기를 위해서 물질계와 정신계를 다 열어서 정신계와 물질계 모두를 이해시키기 위해서 설한 가르침이다.

위 경문에서 [ ]괄호 안에 문장은 「乃至」라는 경문 속에 생략된 항목 가운데 예를 들어 넣은 것이다.

18계 가운데 6근계에서 첫 번째인 「안계」와 6식계에서 마지막인 「의식계」만을 들고, 중간의 6근계 가운데 나머지 5근계와 6경계의 전부와 6식계에서 앞의 5식계 즉 16계는 「乃至」속에 생략한 것이다.

좀 복잡한 듯하지만, 이러한 공식은 불자라면 가까운 불교 공부방을 찾아서 한 번쯤 공부해야 할 일이다. 부처님의 영험이 바로 여기에 있기 때문이다.

「5온, 12처, 18계」는 모두 물질계와 정신계를 달리 표현할 뿐 사실 같은 말이다. 다시 말해 줄이면 5온이고, 5온 가운데 물질계[色]를 펼치면 12처이고, 정신계[受想行識]를 펼치면 18계가 된다.

앞에서 설명했듯이 「5온」은 물질계보다 정신계에 비중을 둔 것이고, 「12처」는 정신계보다 물질계의 비중을 높인 것이고, 「18계」는 양쪽 모두를 넓게 이해시키기 위해서 「온, 처, 계」라는 3과법문의 공식을 설한 것이다.

이러한 설법은 부처님의 중생 근기에 따른 방편이다. 작은 것에서 차쯤 큰 것으로 나아가는 매우 효과적인 교육 방식이라 할 것이다. 진주 구슬이 즐비해도 꿰려는 노력이 없으면 무슨 소용이겠는가.

4) 12연기법도 없다

無無明 亦無無明盡 乃至
무 무 명 역 무 무 명 진 내 지

문제의 근본원인인 무명無明도 없고, 또한 무명을 극복한 깨달음의 특별한 경지도 없으며, [제칠식의 의지작용인「행行」과 제팔식의 인지기능인「식識」과 정신과 물질의 원자인「명색名色」과 감각작용인「육입六入」과 육근이 육경을 접촉하는 작용인「촉觸」과 육근의 감수작용인「수受」와 무지에서 비롯되는 애착인「애愛」와 애착에 의한 맹목적 취착인「취取」와 취착으로 인한 소유욕인「유有」와 무명무지로 인하여 받게 되는「생生」도 없으며]

無老死 亦無老死盡
무 노 사 역 무 노 사 진

인생의 현상인 늙고 죽음도 없고, 늙고 죽음에서 벗어난 특정한 경지도 없느니라.

「일체법」또는 제법 가운데 출세간법의 조견照見이다. 역시 중간의 [ ]괄호 안에 문장은 12연기 가운데 첫 번째인 무명과 마지막 열두 번째인 생사를 제외한, 즉 다시 말해 「내지」속에 생략된 12연기법 가운데 10개의 항목을 풀어 놓은 것이다.

《반야심경》은 인간의 모든 문제를 해결하기 위해서 설한 지혜의 경전이다. 무엇보다 숨겨진 경문의 내용을 충분히 찾아 습득하는 것이 바로 문제를 해결하는 지혜를 체득하는 정밀한 방법일 것이다.

5) 4성제법도 없다

無苦集滅道
무 고 집 멸 도

문제인 「고苦」의 진리와 문제의 원인인 「집集」의 진리와 문제의 해결인 「멸滅」의 진리와 문제의 소멸인 멸滅에 이르는 「도道」의 진리도 없고,

「출세간법」가운데 두 번째의 네 가지 성스러운 진리 즉 4성제이다. 「苦」는 괴로움, 고통, 고뇌 등 여러 가지 번역이 있으나 여기에서는 「고苦」를 우리에게 주어진 온갖 문제라고 번역하였다.

「苦와 集」은 생사의 길이니 12연기법에 속하고, 「滅과 道」는 열반의 길이니 8정도를 말한다. 8정도는 苦와 集의 문제를 해결하는 8가지 올바른 도를 말하는데, 불교에서 도를 닦는다고 할 때의 도는 바로 이 8정도를 말하는 것이다.

6) 지혜도 없다

無智亦無得
무 지 역 무 득

깨달음의 지혜라고 할 만한 것도 없으며,
깨달음을 얻었노라 할 만한 것도 없느니
라.

위 경문은 출세간법 가운데 「6바라밀」에 관한 조견
으로 보는 견해가 있다.

4. 무엇을 얻는가

以無所得故
이 무 소 득 고

깨달음을 얻었노라 할 만한 어떤 견해도
없기 때문에,

이 문장은 앞의 문장을 맺고, 뒤의 문장을 이어주는
경문이다.

1) 보살이 얻는 것

菩提薩唾 依般若波羅密多故
보리살타 의반야바라밀다고

보살은 모든 법의 공한 본성을 체득한 반
야로운 삶에 의지하므로,

心無罣碍 無罣碍故 無有恐怖
심무가애 무가애고 무유공포

어디에도 걸림이 없고, 걸림이 없기 때문
에 두려움이 없으며,

遠離顚倒夢想 究竟涅槃
원리전도몽상 구경열반

끝내는 뒤바뀐 헛된 꿈이나 과대한 망상
에서 벗어나 완전한 평화를 이루느니라.

『顚倒』는 뒤바뀌다. 엎어지고, 넘어지고, 뒤집어진
상태를 말한다.
『夢想』은 모든 법의 공한 본성을 모르고 헛된 꿈에
빠져 살아가는 중생의 온갖 망상을 말한다.
『究竟』은 드디어, 마침내, 완전한, 끝내는 등의 의미
이고,
『涅槃』은 모든 문제에서 벗어난 가장 완전한 평화로
운 삶의 상태이다.

위대하셔라 세존이시여!
넘어진 자를 일으켜주심과 같이
덮인 것을 드러내 보이심과 같이
헤매는 자에게 길을 일러주심과 같이
뒤바뀐 생각을 바로잡아 주심과 같이
빈궁한 자에게 값진 보배가 되어주심과 같이

병고자에게 어진 의사가 되어주심과 같이
세존께서는 온갖 방편으로 무지를 일깨워 주시네,
그러므로 제가 이제 마음자리 나아가고 생명 근원
돌아와서 일심정례 올립니다.

2) 부처님이 얻는 것

三世諸佛 依般若波羅密多故
삼 세 제 불   의 반 야 바 라 밀 다 고

과거, 현재, 미래세의 모든 부처님도 일체
법의 공한 본성을 체득한 반야로운 삶에
의지하기 때문에,

得阿耨多羅三藐三菩提
득 아 뇩 다 라 삼 먁 삼 보 리

가장 보편적이고 완전한 최상의 깨달음을
얻느니라.

나는 이제 부처님 발아래 엎드려 절하고
언제 어디서나 부처님과 함께하겠습니다.
나는 이제 부처님 가르침에 의지하고
나 자신을 지혜롭게 하겠습니다.
나는 이제 부처님 모임에 참여하고
나 자신을 자비롭게 하겠습니다.

[illegible]
[illegible]
[illegible]
[illegible]
[illegible]
[illegible]

이리다

[illegible]

[illegible]

이리와지 [illegible]

[illegible]

[illegible]

[illegible]

[illegible]

다. 결론

故知般若波羅密多
고 지 반 야 바 라 밀 다

그러므로 알라! 모든 법의 공한 본성을 체
득한 지혜로운 가르침은,

是大神呪 是大明呪
시 대 신 주 시 대 명 주

무지를 일깨우는 가장 신비로운 주문이
며, 무지의 어둠을 밝히는 가장 밝은 주문
이며,

是無上呪 是無等等呪
시 무 상 주 시 무 등 등 주

세상에서 가장 위대한 주문이며, 누구나
깨달을 수 있는 가장 보편적 주문이니라.

『呪』는 궁극적이고 변함없는 영원한 가르침이라는 말이다. 『無等等呪』는 그 어떤 것과도 비교할 수 없는 주문이며, 무엇과도 견줄 수 없는 주문이니 등의 번역이 있으나, 《반야심경》의 가르침을 누구나 이해하고, 누구나 행할 수 있고, 누구나 깨달을 수 있는 가르침이라는 생각에 이렇게 번역하였다.

能除一切苦 眞實不虛
능 제 일 체 고 진 실 불 허

인생의 온갖 문제를 해결할 수 있으며, 진실하여 결코, 헛되지 않나니 이와 같이 믿고 받들어 염송할지니라.

《반야심경 명상》은 일상생활 속에서 경문을 듣고, 보고, 읽고, 쓰면서 경문에 담긴 공성의 메아리를 명상하고, 제법의 공성이 전하는 최상의 지혜를 밝히는 것이다.

故說般若波羅密多呪
고 설 반 야 바 라 밀 다 주

그러므로 모든 법의 공한 본성을 체득한
반야로운 삶의 밝은 노래를 설하노니,

卽說呪曰
즉 설 주 왈

그 반야로운 삶의 밝은 노래는 곧 이러하
니라.

《반야심경》은 불멸의 영원한 클래식이며, 불법의 핵
심이다. 언제나 늘 마음을 모으고 정성을 다해 힘차
게 부르고 또 염송하라. 지혜와 복덕이 바로 이 가
운데 있다.

『呪』는 궁극적이고 변함없는 영원한 가르침이라는 말이다. 『無等等呪』는 그 어떤 것과도 비교할 수 없는 주문이며, 무엇과도 견줄 수 없는 주문이니 등의 번역이 있으나, 《반야심경》의 가르침을 누구나 이해하고, 누구나 행할 수 있고, 누구나 깨달을 수 있는 가르침이라는 생각에 이렇게 번역하였다.

能除一切苦 眞實不虛
능제일체고 진실불허

인생의 온갖 문제를 해결할 수 있으며, 진실하여 결코, 헛되지 않나니 이와 같이 믿고 받들어 염송할지니라.

《반야심경 명상》은 일상생활 속에서 경문을 듣고, 보고, 읽고, 쓰면서 경문에 담긴 공성의 메아리를 명상하고, 제법의 공성이 전하는 최상의 지혜를 밝히는 것이다.

『아제아제 바라아제 바라승 아제 모지사바하』 (3번)

가자가자 어서가자 열반언덕 어서가자 깨달음이여 모두 이루게 하소서

주문을 굳이 번역하면 이렇다 할 것이다. 부처님 가르침에는 크게 현교[顯드러날 현/ 敎가르칠 교]와 밀교[密비밀스로울 밀/ 敎가르칠 교] 둘이 있는데, 현교는 뜻을 담은 글자로 이루어진 경전을 말하며, 《반야심경》인 경우 주문을 빼면 모두 현교이다.

밀교는 그 뜻을 알 수 없는 비밀스러운 주문으로 되어있다. 《반야심경》의 경우 『아제아제 바라아제 바라승아제 모지사바하』이다. 주문이나 진언에는 그 언어에 알 수 없는 힘이 있어 반복해서 염송하면 원을 성취할 수 있다. 티베트 불교가 대표적인 밀교이다.

頓捨貪嗔癡
돈 사 탐 진 치

常歸佛法僧
상 귀 불 법 승

탐진치의 어둔마음 계정혜로 밝히오며

자비불보 지혜법보 청정승보 염합니다

念念菩提心
염 염 보 리 심

處處安樂國
처 처 안 락 국

생각마다 보리마음 반야지혜 지니오면

어느곳에 있더라도 안락국토 이루리라

나무반야회상불보살 (3번)

맺는말

《반야심경》을 공성의 미학이라 한다. 보살이 중생을 제도하기 위해서 6바라밀을 실행할 때, 모든 존재[諸法]의 본래 공한 본성[空性]을 비추어 보고, 일체의 괴로움과 온갖 재앙에서 벗어날 수 있으며, 우리에게 주어진 인생의 모든 문제를 해결할 수 있다.

《아함부》경전을 보면서 인성人性을 보았고, 《유식론》을 보면서 심성과 업성業性을 알았으며, 《금강경》을 보고 업성이 공성空性임을 알았다.
《기신론》을 보고 공성이 진성眞性인 줄 알았고, 《원각경》을 보면서 진성이 각성覺性임을 알았으며, 《법화경》을 통해 각성이 佛性임을 알았다.
《화엄경》에 오니 불성이 다시 법성法性이 되었다. 불성은 유정만을 아우르지만, 법성은 유정, 무정을 총체적으로 포함하는 말이다.

《육조단경》을 보고 이 모두를 자성自性이라 함을 알
게 되니, 결국에는 우리 자성이 법성이고 불성이며
각성覺性이라는 말이다.

《반야심경》은 금강경과 함께 반야부에 속해 있으며,
공성이란 바로 대승 보살에 들어가는 첫 과정이다.
공성을 이해할 때, 진성, 각성, 불성, 법성을 다시금
나아가 자성을 통달하게 된다.

《반야심경 명상》은 바로 자성불을 기루는 수행이다.
원래 없는 것은 백날을 찾아도 얻을 수 없지만, 본
래 있는 것은 찾기만 하면 될 일이다.

불기 2565년 5월
퇴촌 좋은 도량에서 준수 和南

학봉당 준수스님
불교 한자 학습 저서

· 십심우송 강화
· 법 성 게 강화
· 반야심경 역해
· 발심수행장 강설

· 순치황제 출가시 주해
· 자경문 야운 송 주해
· 대열반송 및 사구게 주해

· 마음 이야기/ 신심명 직설
· 세 가지 보물/ 염불명상
· 세 가지 지혜/ 금강경 위대한 명상
· 세 가지 행위/ 나는 무엇으로 사는가 등.

반야심경
공성의 미학

編譯   와산 준수

펴낸곳   도서출판 도반
펴낸이   김광호
편집   김광호, 이상미, 최명숙
대표전화   031-983-1285, 010-8738-8925
이메일   dobanbooks@naver.com
주소   경기도 고촌읍 신곡리 1168번지
홈페이지   http://dobanbooks.co.kr